Die GIN Gebote 2

Der Ratgeber rund um den Gin

W0331506

Michael Stanik

Inhaltsverzeichnis

Vorwort

Lieber Leser, liebe Leserin – Willkommen und herzlichen Glückwunsch zu deinem ersten Gin-Ratgeber! Vielleicht ist es dir ja auch schon aufgefallen – Gin ist zurzeit in aller Munde und erlebt seine Renaissance des 21. Jahrhundert. Mit dem Satz „Vodka ist für Wirkungstrinker, Gin für Bildungstrinker.“, welcher erstmals in einem Beitrag des Spiegels von einem Hamburger Barkeeper zitiert wurde, wird der Spirituose, auch bekannt als Wacholderschnaps, endlich wieder mehr Aufmerksamkeit zugesprochen – und das zu Recht!

Wenn die Neugier in dir erweckt worden ist und du noch mehr über Gin erfahren möchtest, bist Du hier genau richtig! Komm mit auf eine Reise, geprägt von Höhen und Tiefen. Beginnend bei seiner Geburtsstunde in den Niederlanden im 16. Jahrhundert, Englands Gin-Epidemie und den ersten dazu erlassenen Gesetzen. Weiterführend mit einer immer professioneller werdenden Herstellung in der Zeit der Industrialisierung des 17. und 18. Jahrhunderts und seiner Ausbreitung in den USA ab Mitte des 19. Jahrhundert durch die aufkommende Szene der Bars und Saloons; bis hin zur Eroberung Europas und schließlich der ganzen Welt. Im 20. Jahrhundert wurde die Spirituose populärer eh denn je, da sie Lieblingsgetränk vieler berühmten Persönlichkeiten war und auch in Hollywoodfilmen eine große Rolle spielte. Nichtsdestotrotz hatte der Gin auch seine Tiefpunkte und verbrachte Jahrzehnte, verdrängt von anderen Alkoholsorten, sein Nischendasein verstaubt in der Ecke in so mancher Bar. Heute, angekommen im 21. Jahrhundert, feiert der Gin sein „Come Back" und ist von keiner Getränkekarte mehr wegzudenken.

Dieses Buch bietet dir aber weitaus mehr, als nur eine Geschichte aus historischer Vergangenheit. Du kannst es als Guide benutzen und behältst so einen Überblick bei den vielen Gin Sorten im Regal, damit du bei deinem nächsten Einkauf zur richtigen Flasche greifst. Bei all den kursierenden Gerüchten über die Wirkung von Gin, abgesehen des Rauschs, soll nicht noch mehr Verwirrung gestiftet werden. Ob Gin tatsächlich gegen Heuschnupfen, Bauchschmerzen oder sonstige Beschwerden hilft, findest du im Kapitel „Gin Mythen" heraus.
Zusätzlich gibt es 19 exklusive Rezepte am Ende des Buches, für dich zusammengestellt.
Noch eine Sache vorweg: **Alkohol ist immer ein Rauschmittel, kann abhängig machen**

und schadet in übermäßigem Konsum der Gesundheit! Wie auch schon Paracelcus sagte, macht die Dosis das Gift. Und so sollte natürlich auch Gin nicht im Übermaß und täglich, sondern ab und an in kleinen Mengen zum Genuss eingesetzt werden. Wer jedoch zwischen zwei alkoholischen Getränken entscheiden kann, trifft mit einer Gin-Variante definitiv die bessere Wahl. Viel Spaß beim Lesen und Ausprobieren - Cheers!

1. Kapitel: Die Geschichte des Gins

Vom Arznei- zum Genussmittel

Ein jeder kennt ihn, viele bestimmt auch unter dem Namen Wacholderschnaps. Vor allem aber bekannt ist er als Bestandteil von Cocktails, wie dem Gin Tonic oder auch Martini, der einst durch die Filme James Bond an großer Bekanntheit gewann. Viele berühmte Persönlichkeiten, wie beispielsweise der amerikanische Präsident Roosevelt oder Künstler wie Hemingway und Hitchcock waren große Verfechter des Getränks zu ihrer Zeit und konsumierten es regelmäßig. Doch wusstest du, dass der Gin eigentlich nicht als Genussmittel, sondern als Medizin gegen Nieren- und Magenbeschwerden entwickelt wurde? Die Geschichte des Gins reicht bis hin ins 15. Und 16. Jahrhunderts zurück und hat seinen Ursprung in den Niederlanden. Ein holländischer Arzt namens Franz de le Boe (1614-1672) gilt als Erfinder, der den Vorgänger des Gins, ein Wacholder-Gewürzdestillat „Genever“ (in holländisch: Wacholder), für seine Patienten produzierte. Bald gewann der Genever auch bei den gesunden Normalbürgern wegen seines

Geschmacks an Gefallen und so wurden immer mehr Brennereiern in den Niederlanden eröffnet, so dass der Schnaps kommerziell vertrieben worden konnte. Das erste Unternehmen, das Genever im großen Stil produzierte, ist der heute immer noch existierende Hersteller „Bols“.

„Mut antrinken“

Während des 80-jährigen Kriegs (1568-1648) wurde Holland im Kampf gegen Spanien von englischen Soldaten unterstützt, welche im Land stationiert waren und so den Genever kennenlernten. Von diesem gab es vor den Schlachten eine ordentliche Portion für die Soldaten, was zu vielen Siegen in den Kämpfen trotz Unterzahl führte. Daraus entwickelte sich auch das Sprichwort „sich Mut antrinken“. Sei es die motivierende Wirkung oder Furchtlosigkeit, die Engländer waren begeistert von dem wirkungsvollen Getränk. Und da es auch in England genügend Wacholder und Getreide gab, wurde die Produktion von der Regierung und Königshaus gefördert und vor allem der Marine und Militär zur Verfügung gestellt. Tatsächlich gelangte der Genever aber erst 1688 mit Wilhelm III. von Oranien- Nassau nach England, weil dieser ein großer Genever Fan war und dort die englische Prinzessin heiratete. Als Mitregent kurbelte er die Produktion des Wacholder-Destillats ordentlich an und ließ ausschließlich mit englischem Getreide produzieren. 1702 unter der Herrschaft von Königin Anne wurde dies nochmals verstärkt. Wegen ihrer Abneigung gegen die katholischen Franzosen, setzte sie eine hohe Besteuerung auf Cognac und Armagnac, welche zu dieser Zeit eine der einzigen hochprozentigen Alkohole auf dem Markt waren. Und würde das nicht schon ausreichen, um den Import französischer Getränke einzuschränken, erlaubte sie das lizenzfreie Brennen von Genever. Weil die Engländer den Namen Genever nur schlecht über die Lippen bekamen, entstand bald eine vereinfachte Abkürzung und der „Gin" war geboren.

Von der „Gin Craze"

Die Maßnahme des lizenzfreien Produzierens von Gin zogen schwere Folgen mit sich. Der Gin war extrem günstig und durfte überall hergestellt werden, was ihn für die breite Bevölkerungsmasse leicht zugänglich machte. Geschätzt produzierte mindestens jeder 4. Haushalt in London seinen Gin selbst, was einerseits eine immer schlechter werdende Qualität des Alkohols mit sich zog, andererseits die Zahl der Alkoholabhängigen

stetig wuchs und immer mehr Menschen durch ihre Sucht verarmten. Ein dunkles Kapitel für die Engländer, auch bekannt als Gin-Craze (Gin-Epidemie). Der Durchschnittsverbrauch pro Kopf lag zeitweise bei etwa einem halben Liter pro Tag (traurigerweise auch Kinder miteingeschlossen!). Viele Menschen konnten aufgrund von Trunkenheit ihrer Arbeit nicht mehr richtig nachgehen, Mütter vernachlässigten ihre Kinder und die Rate der Alkoholtoten in London war zeitweise höher, als die Geburtenrate.
1736 wurde durch den ersten „Gin Act" (Gesetzeserlassung gegen die Gin-Epidemie) versucht, den Alkoholkonsum der Bevölkerung einzudämmen. Es war verpflichtend eine Lizenz zur Erlaubnis der Herstellung zu besitzen und die Regel einer Mindestabgabemenge musste eingehalten werden. Man hoffte, dass sich das Gin-Problem auf diese Weise automatisch lösen würde, da das Erfüllen der neuen Voraussetzungen für die meisten Engländer zu teuer war. Dem war jedoch nicht so. Wie sagt man doch so schön: „Wer etwas will, der findet einen Weg!" So auch die Engländer, um ihren geliebten Gin weiterhin in denselben Mengen konsumieren zu können, änderten Sie einfach leicht die

Rezeptur ab und umgingen so das Gesetz. 1743 wurde es erneut verschärft, was auch nichts veränderte.
Erst mit dem „Trippling Act“ acht Jahre später, konnte die Gin-Hysterie langsam gebremst werden. Die Lizenzen waren nun zwar billiger, gleichzeitig wurde der Verkauf von aber qualitativ nicht hochwertigem Gin hoch bestraft. Auch durch die Missernten des Getreides einige Jahre darauf und Rohstoffengpässen, stieg der Gin-Preis. Der Staat hatte den Konsum endlich wieder unter Kontrolle und die gesellschaftlichen Missstände entspannten sich allmählich. Gin war zu einem teuren Gut geworden und die Menschen hatten nicht mehr das Geld, um sich in einen Rausch zu versetzen.

Die Erfindung des Gin & Tonic

Während der industriellen Revolution erlebte der Gin eine erneute Hochphase und auch die Arbeiterschicht konnte sich diesen wieder leisten. Die Menschen zogen vom Land in die Städte, wo Gin Palaces (Pubs, in welchen überwiegend Gin ausgeschenkt wurde) zum Trinken einluden. Ein weiterer Vorteil waren die niedrigeren Steuern auf gebrannten Alkohol und ein abgeändertes Verfahren der Destillation. Ursprünglich wurde Gin auf Kupferkesseln gebrannt,

welche durch eine einfachere Methode „dem kontinuierlichen Destillieren" abgelöst wurde.
Gin Tonic oder besser; Gin & Tonic, entstand ebenso zu dieser Zeit. Da Indien eine Kolonie von England war, wurden die dort stationierten Soldaten auch mit Gin versorgt. Von Vorteil war hier der hohe Alkoholgehalt des Gins, da er auch über längere Seefahrten nicht schlecht wurde. Ein Transport von Bier wäre kaum möglich gewesen, was die Engländer erneut dazu veranlasste, erfinderisch zu sein. Das Indian Pale Ale, eine bekannte englische Biersorte, entstand so und konnte aufgrund seines erhöhten Alkoholgehalts transportiert werden, ohne zu verderben.
Um nicht an Malaria zu erkranken, wurde dem Stoff Chitin damals eine Wirkung nachgesagt. So mischten die experimentierfreudigen Soldaten den Gin mit chitinhaltigen Getränken und fügten für den Geschmack noch etwas Soda und Zucker hinzu - geboren war das Kultgetränk Gin Tonic.

Eroberung von Hollywood und der weltweiten Cocktailszene

Seit Anfang des 19. Jahrhunderts entwickelte sich die Cocktailszene und eine Bar nach der

anderen eröffnete. So kommt der Gin Mitte des 19. Jahrhunderts endlich in den USA an. Zwar ist England immer noch das „Gin-Hauptland“, spielt aber auch in anderen Ländern eine immer zunehmendere Rolle. Auch wenn während der Prohibition 1920-1932, Alkohol in den USA verboten war, wurde nicht auf den Gin verzichtet. Auf allen möglichen Wegen wurde dieser von Großbritannien her geschmuggelt und die Gin-Produktion stieg zu dieser Zeit an wie noch nie. Viele stellten ihn selbst zu Hause in ihren Badewannen her – verwendet wurden alle zur Verfügung stehenden Kräuter, Blüten, Beeren und Gewürze, um den unangenehmen Geschmack und Geruch der Fuselalkohole zu überdecken.
Auch in Europa und anderen Ländern breitete er sich im 20. Jahrhundert mehr und mehr aus. Sein Bekanntheitsgrad wuchs vor allem durch seine Rollen in Hollywoodfilmen, wie „Casablanca“, „The Sorrows of Gin“ oder „A Single Man“. Zudem vergötterten ihn viele berühmten Persönlichkeiten, wie die Künstler Hemingway und Hitchcock oder der amerikanische Politiker Roosevelt. So auch James Bond in seinen ersten Filmen, in denen er seinen Martini mit Gin als Hauptbestandteil – geschüttelt – als Markenzeichen setzte. Und durch das Buch

„Der große Gatsby“ von Scott Fitzgerald boomte der Gin erneut auf – er war in Europa fester Bestandteil des Lebensgefühls neben Charleston und Jazz.
Während des Zweiten Weltkrieges ging die Produktion sowie der Konsum naturgemäß zurück, wurde aber bereits zu bald wieder in großem Stil vertrieben. In den 70ern jedoch wurde der Gin von dem Vodka in Cocktailszene verdrängt und verweilte über zwei Jahrzehnte verstaubt als Nischengetränk in den Bars. Da Vodka geschmacksneutraler ist, wurde dieser zum Mischen für Getränke vorgezogen.

Das neue Gin-Zeitalter

Der erste Schritt in die Richtung eines Gin-Comebacks ist der Firma Bombay Distillers zu verdanken. 1988 brachten sie die neue Sorte „Bombay Sapphire Dry London Gin“ auf den Markt und sorgten mit extra auferlegten Werbekampagnen und Verkaufsstrategien für ihren Erfolg. Mit einem modernen Design in blauer Flasche und einem weniger intensiven Wacholdergeschmack, wurden sogar eigens Rezepte für Cocktails entwickelt. Um die Jahrtausendwende wurde der Hendrick's Gin mit Gurkenaroma vorgestellt, was den Gin-Boom weiterhin unterstützte. Auch viele kleine Unternehmen

erkannten den Trend und investierten viel Geld in die Herstellung neuer Gin Sorten, Rezepte und die Vermarktung. Dies sorgte dafür, dass immer mehr Gin Marken entstanden und der Konsum vorangetrieben wurde.
Heutzutage, angekommen im 21. Jahrhundert, hat sich das Nischendasein des Gins in einen „Hype“ gewandelt. Verschiedenste Sorten und Anbieter sind überall auf dem Markt zu finden und auf der Getränkekarte ist dieser kaum noch wegzudenken.
In hippen Vierteln der Großstädte sprießen Bars aus dem Boden, die einzig und allein Gin ausschenken. Dies aber in unterschiedlichsten Variationen. Der gute Gin Tonic wäre an dieser Stelle nur ein genannter Klassiker unter den vielfältigen Möglichkeiten. Ob Longdrink mit leicht bitterer Note, fruchtigem Cocktail oder anderen exotischen Rezepten; für jeden Geschmack ist etwas dabei. Und für das perfekt gemixte Getränk greift ein so mancher Liebhaber auch gerne etwas tiefer in die Tasche. Der Gin Markt boomt. Man könnte schon fast behaupten, dass sich hinter diesem Hype ein ganzer Lifestyle herauskristallisiert hat.

2. Kapitel: Gin Fakten und Zahlen

Die Wacholderbeere

Schon seit der Steinzeit wurde die Wacholderbeere gegessen und ist von Europa über Nordafrika bis Nordasien weit verbreitet. Es ist also das am weitesten verbreitete Nadelgehölz weltweit und blüht von Juni bis April. Die Beeren finden außerdem oft als Gewürz in Sauerkraut, Fleischgerichten oder Spirituosen wie Gin, ihre Anwendung. Er ist schwach giftig und kann die Haut reizen, ist jedoch eine beliebte Zutat in der Medizin, da die Wacholderbeere und ihre ätherischen Öle harntreibend wirken und in der richtigen Dosis bei Nierenerkrankungen helfen. Bereits zu Zeiten der Pest wurde der Wacholder als Destillat für Linderung der Symptome eingesetzt.

Der Alkohol

Die einfachste Art Alkohol herzustellen ist aus der Vergärung von Zucker in Früchten, welche durch Hefen entsteht. In dieser Form wurde dieser wohl schon vor tausenden von Jahren hergestellt und getrunken. Erst seit dem 12. Jahrhundert wurde in Europa schrittweise die Destillation entwickelt, wobei der Alkoholgehalt von 7% auf über 80% gesteigert werden kann. Der Vorgänger von Gin, Genever, kann demnach als ein alkoholisches Destillat aus vergorenen Gersten -oder Roggenmalz mit dazugesetztem Wacholder beschrieben werden. Zur Herstellung von Gin wird der Agraralkohol meist aus Getreide oder Melasse gebrannt. Da sein eigener Geschmack erst durch die Aromatisierung von Wacholderbeere und anderen Kräutern, Beeren und Gewürzen (auch Botanicals genannt) entsteht, werden diese entweder vor oder nach der Destillation hinzugefügt. Hierzu gibt es zwei gängige Verfahren, die einzeln oder auch parallel angewandt werden können. Zum einen kann der Alkoholdampf direkt über die Botanicals geleitet werden und nimmt so das Aroma an; oder diese werden schon von Beginn an in den Alkohol eingelegt und zusammen destilliert. Der Alkoholgehalt von Gin ist in Europa und der Schweiz gesetzlich geregelt und liegt bei mindestens 37,5%. Jedoch gibt es auch Sorten mit höheren Prozenten, welche zu den besseren zählen, da der Geschmack der Gewürzaromen (Botanicals) runder wirkt.

Botanicals

Botanicals werden die verschiedenen Gewürzaromen genannt, welche dem Gin im Destillationsprozess hinzugefügt werden und letztendlich seinen Geschmack ausmachen. Die Wacholderbeere ist hierbei die wichtigste genannte Zutat, sonst dürfte sich der Gin ja wohl kaum Wacholderschnaps nennen. Des Weiteren sind Koriander und Zitronen -oder Orangenschalen oft als Botanicals vorzufinden. Ansonsten sind den Aromen keine Grenzen gesetzt; sie reichen von Gurke, Rosenblättern, Ingwer, Kardamon bis hin zu Kräutern wie Minze, Fenchel, Lavendel oder Bergamotte.
Da jeder Gin so individuell wie sein Hersteller ist und seinen eigenen Geschmack entfaltet, wird das Rezept oft nicht preisgegeben. Die Botanicals können von ihrer Reihenfolge, Ziehdauer und Menge her variieren und so das Aroma mehr oder weniger stark intensivieren. Schon kleine Änderungen können den Geschmack komplett verändern. Klassische Gins beinhalten sechs bis zehn Botanicals, wobei andere Sorten bis zu 31 Botanicals oder noch mehr verwenden.

Tipp: Ein **MUSS** für echte GIN Fans sind Botanicals (Gewürze), beispielsweise „space up your gin“ von ilovegin.de. Diese verleihen nicht nur einen besseren Geschmack deinem Cocktail, mit dieser praktischen Box bestehend aus 10 auserwählten Botanicals lässt sich auch dein eigener Gin herstellen! Weitere Infos unter:

https://ilovegin.de

Gin Sorten

Die erste Aufteilung, welche man bei Gin vornehmen kann, ist nach der Verordnung (EG) Nr. 110/2008: 1. Gin und 2. Destillierter Gin. Erst ab diesem Zeitpunkt waren Gin und seine Unterkategorien zumindest in Europa fest definiert. Der Gin oder auch Compound Gin wird aus Ethylalkohol landwirtschaftlichen Ursprungs und Aromastoffen hergestellt. Bei der Herstellung muss darauf geachtet werden, dass nur natürliche bzw. naturidentische Aromastoffe (Compounds) verwendet werden und der Wacholdergeschmack dominant bleibt. Farb-und Süßstoffe dürfen ohne weiteres hinzugegeben werden. Bei Destilled Gin hingegen ist das nicht erlaubt und der Ethylalkohol muss erneut destilliert werden. Nach diesem Vorgang kann erneut Ethylalkohol hinzugefügt werden. Destilled Gin wird zusätzlich in zwei Gruppen unterteilt, wie zum Beispiel London Gin, welcher wegen seinem Namen jedoch kein geografisch definierter Begriff ist. In der EU unterliegt er den strengsten Regelungen, weist im Alkohol eine noch höhere Qualität auf und darf mit seinem Methanolgehalt einen Wert von 5 g/hl bei 100 %Vol. Alkohol nicht übersteigen. Die ausschließlich natürlichen Aromastoffe müssen während des Destillationsprozesses hinzukommen und ein Mindestalkoholgehalt von 70%Vol. aufweisen. Zudem ist es erlaubt, den Gin mit 0,1 Gramm Zucker pro Liter leicht zu süßen. Neben dem London Gin gibt es noch weitere bekannte Sorten wie den „Plymouth Gin", „Gin de Mahón" oder den „Vilnius Gin".

Für Kenner

Ist doch alles nur Gin, wie soll man da noch den Durchblick behalten? Um eine Grundordnung zu erkennen, ist es hilfreich zu wissen, dass je nach Sorte andere Botanicals verwendet werden und verschiedene Vorschriften bei der Herstellung gelten. Der Dry Gin beispielsweise erlaubt künstliche Aromen

und Farbstoffe, die Zugabe von Zucker ist jedoch verboten. Botanicals können jeder Zeit der Destillation beigegeben werden, solange der Wacholdergeschmack vorherrschend bleibt. Die Hersteller sind demnach frei in ihrer Kreativität und dies macht den Geschmack dieser Gin-Sorte besonders interessant. Zitrusfrüchte, Angelikawurzel und Kardamom finden bei dem Dry Gin beispielsweise des Öfteren Anwendung.
Die Botanicals des London Dry Gin dürfen nur gesammelt und zu Beginn der Destillation hinzugefügt werden. Künstliche Aroma- und Farbstoffe sind genauso verboten wie die Zugabe von Zuckerzusätzen. Den typischen Geschmack gibt es aber auch bei dem London Dry Gin nicht. Er unterliegt zwar den strengsten gesetzlichen Verordnungen in seiner Herstellung, kann jedoch von seinem Produzenten ähnlich kreativ gestaltet werden wie der Dry Gin. Geschmacklich hebt er sich von einem würzigeren Geschmacksträger, wie Ingwer, Kardamon Gewürzen oder auch Zitrusfrüchten ab.
Nicht zuletzt sei der New Western Dry Gin genannt, welcher sich zwar nicht deutlich in seiner Herstellung, jedoch von seinem Geschmack unterscheidet. Bei der Zugabe

der Botanicals sind ihm keine Grenzen gesetzt und folgt keiner Vorgabe. Neben der Wacholderbeere dürfen auch andere Aromen gleichermaßen zur Geltung kommen, was das Geschmackserlebnis dieses Gins zu einem ganz neuen Erlebnis werden lässt. Es entstehen neue Kombinationen und Botanicals wie Lakritz, Beeren, Mandeln oder Zitrusschalen sind unter anderem sehr beliebt. Künstliche Farb- und Aromastoffe sind erlaubt und auch Zucker darf beliebig zur Verfeinerung hinzugefügt werden. Vor allem in den letzten Jahren findet diese Art der Gin-Herstellung an großer Popularität und Anhängern. Wegen seiner geschmacklichen Vielfalt wird er gerne für Mischgetränke verwendet oder sogar pur genossen, was für den ursprünglichen Gin ehemals ein No Go war. Der Old Tom ist eine weitere Sorte des Gins. Er vereint verschiedene Aromen und rundet den sonst so starken Geschmack der Wacholderbeere etwas ab. Dieser Gin schmeckt süß, vollmundig und ist für einen wahren Gin-Kenner der absolute Liebling, jedoch auch für Einsteiger aufgrund seiner lieblichen Note eine Empfehlung wert. Nach dem Brennen wird dem Old Tom Zuckersirup hinzugefügt, was den Geschmack harmonischer wirken lassen soll.

Zu den Zeiten des Gin-Verbotes in England während der Gin-Craze wurde dieser heimlich hinter verschlossener Haustür privat hergestellt. Da dies kein Aufsehen erregen durfte, aber für die Leute auf eine Art und Weise zum Verkauf sichtbar gemacht werden wollte, wurde ein Holzschild in Form eines schwarzen Katers als geheimes Zeichen für den Gin to go gesetzt. Und da „alter schwarzer Kater“ in englischen *old tomcat* heißt, hat sich dieser Spitzname bis heute gehalten.
Ein weiterer Gin ist der Sloe Gin (engl. Schlehenlikör), welcher eigentlich keiner ist, aber aufgrund seiner Herstellung aus Dry oder London Gin seinem Namen treu bleibt. Der Alkoholgehalt liegt bei 28-30% und durch seine rote Färbung der Schlehenbeeren hebt er sich von allen anderen Sorten ab. Um seine Süße zu erlangen wird ihm pro Liter 100 Gramm Zucker beigefügt und kann durch verschiedene Botanicals unterschiedliche Geschmacksnoten bekommen. Ein Beispiel ist zum einen der würzige Gordon's Sloe oder der Sipsmith Sloe mit seinen erdigen Aromen, die wunderbar zu den fruchtigen Schlehen passen.

3. Kapitel: Gin-Mythen

Gin gegen Verdauungsbeschwerden

Ursprünglich wurde im Mittelalter schon ein Wacholderbeeren-Destillat bei Problemen in Magengegend und Verdauung eingesetzt. Die Bitterstoffe regen die Leber an und der Alkohol kurbelt die Produktion von Magensäure an und sorgt somit für eine bessere Verdauung.

Gin gegen Erkältung

Wahr oder falsch?! Wacholderbeeren sind reich an Antioxidantien und Vitamin C, was bekanntlich die ein oder andere Erkältung vertreibt, bevor sie richtig ausbricht. Dazu kommen die in den Beeren enthaltenen Flavonoide, also sekundären Pflanzenstoffe, welche für die Farbe verantwortlich sind, sich positiv auf unser Herz-Kreislaufsystem auswirken und so das Immunsystem gestärkt wird. Wissenschaftliche Studien, gibt es für diesen Mythus aber keine. Allgemein ist bekannt, dass Alkohol das Immunsystem durch verschiedene biologisch ausgelöste Reaktionen sogar eher schwächt und bei einem akuten Infekt besser nicht konsumiert werden sollte. Nach dem Genuss von Alkohol stellt sich nämlich ein angenehmes

Wärmegefühl ein und die Haut wird mehr durchblutet wie sonst. Dabei verliert der Körper Wärme an seine Umgebung, was im Falle einer Krankheit nicht förderlich ist. Außerdem ist Alkohol ein Zellgift und stört wichtige Abwehrfunktionen des Körpers. Zusammenfassend kann gesagt werden, dass der Gin aufgrund seinen vielen gesunden Zutaten sicherlich präventiv einiges bewirken kann und das Immunsystem stärkt, jedoch eher schadet als hilft, wenn schon ein Infekt ausgebrochen ist. Ist die nächste Erkältung nur im Anflug, dann ran an den Gin!

Gin gegen Arthritis und Rheuma

Zwar ersetzt ein leckeres Glas Gin Tonic nicht den Arztbesuch, aber aufgrund seiner antibakteriellen Wirkung, hemmt er Entzündungen. Dies kann vor allem bei Gelenkerkrankungen, wie Arthritis oder Rheuma, Linderung verschaffen. Die antibakterielle Wirkung liegt beim Gin sogar gleich doppelt vor: einmal des Alkohols wegen und andererseits den Inhaltsstoffen des Wacholders verdankend. So könnte dieser beispielsweise ja bei den nächsten Halsschmerzen, statt Mundwasser gegurgelt oder beim nächsten Kratzer, statt Pflaster verwendet werden.

Gin als Jungbrunnen

So ein mancher schwört darauf: „Fit mit Gin bis ins hohe Alter!"
Wacholderbeeren sind nicht nur reich an Vitamin C, sondern auch an Antioxidantien, welche bekanntlich „freie Radikale" bekämpfen und somit für ein jüngeres Erscheinungsbild sorgen. Auch in vielen teuren Antiaging-Cremes sind Antioxidantien enthalten, da diese Falten vorbeugen, die Haut gesünder und strahlender machen.
Auch Entgiftung ist gut für unseren Körper und kann mit Gin durch die Mischung von Wacholder mit Koriander bewirkt werden. Die Nierenfunktion wird angeregt und sorgt so für einen schnelleren Abbau von Giftstoffen. Also ist an diesem Mythus wirklich etwas Wahres dran! Dabei sollte aber vor lauter Enthusiasmus nicht die Menge an Gin übertrieben und vergessen werden, dass dieser auch ein Gift ist, welches im Körper abgebaut werden muss.
Ein weiterer Bonus hat Gin jedoch noch punkto langes Leben: Seine Inhaltsstoffe verhindern das Verstopfen von Arterien und die Möglichkeit eine Thrombose zu bekommen ist so niedriger. Dadurch wird das Risiko von Herzinfarkten, Schlaganfällen und Lungenembolien gesenkt.

Gin als Mückenschutz

Gin & Tonic ist das älteste bekannte präventive Mittel bei Malaria und wurde bis ins 20. Jahrhundert gegen Malaria verabreicht. Vor allem in den afrikanischen Kolonien der britischen Armee war das Getränk Standard in den königlichen Truppen. Die eigentliche Wirkung steckt jedoch nicht im Gin, sondern im chininhaltigen Tonic Water mit seinem leicht bitteren Geschmack. Das Chinin wird aus der Rinde des Chinarindenbaums hergestellt, welcher ursprünglich aus den südamerikanischen Hochgebirgen Venezuelas kommt und schon zu frühen Zeiten weltweit als Medikament Verwendung fand. Es wirkt schmerzlindernd und senkt Fieber – heutzutage wird es zur Behandlung von Muskelkrämpfen eingesetzt. Seit 1930 gibt es andere Medikamente, welche Chinin beinhalten und auf Grund dessen „Tonic Water" nicht mehr notwendig ist. Jedoch ist die beschriebene Wirkung immer noch die gleiche.

Vertreibt Gin nun aber die Mücken oder nicht? Die ätherischen Öle des Wacholders sind ein natürlicher Stoff zur Abwehr von Mücken und so auch in vielen Anti-Mückenkerzen zu finden. Ob nun der Geruch im Gin & Tonic ausreicht, mag stimmen oder auch nicht. Wir hoffen es jedenfalls und in Kombination mit einer solchen Duftkerze, kann dies allemal ein Versuch wert sein!

Gin für Allergiker und Diabetiker

Interessant, aber wahr! Vor allem für Allergiker ist Gin eine ausgezeichnete Wahl. Während Wein und Bier aufgrund ihres erhöhten Histamin- und Sulfit-Gehalts des Öfteren unangenehme Reaktionen wie Kopfschmerzen, Hautrötungen oder Übelkeit bei seinen Konsumenten auslösen, bleibt dies einem bei dem Gin erspart. Klare Alkohole wie Gin oder auch Vodka enthalten nämlich keine Histamine oder Sulfite.
Zwar ist es eine Lüge, dass er bei Allergien wie Heuschnupfen hilft, jedoch werden die Symptome bei dessen Genuss nicht noch verstärkt.
Für Diabetiker Typ 1 ist Gin laut einer Studie vom „Journal of Diabetis Nursing“ wegen seines geringen Zuckergehalts, die am besten geeignetste Alkoholsorte auf dem Markt.

Gin für die Fettverbrennung

Von Alkohol nimmst du zu? Nicht so mit Gin! Gerade 23 Kalorien enthält ein Zentiliter des Wacholderschnapses und gehört damit zu den kalorienärmsten Alkoholsorten. Bei einem Gin & Tonic liegt man bei 160 im 0,2 Liter Glas, was einem im Vergleich zu einer Flasche Alkopops mit 200 oder Eierlikör mit 285 Kalorien pro Portion auf alle Fälle das bessere Gewissen gibt. Da Gin allerdings auch schneller betrunken macht, kann hier an der Menge eingespart werden. Darauf stoßen wir doch gleich mit einem Gläschen an.

Snoop Dogg und der größte Gin Cocktail der Welt

Der größte Gin Cocktail der Welt wurde von dem Rapper Snoop Dogg gemixt, der seinen bekannten Song „Gin and Juice“ wohl etwas populärer machen wollte. Er befüllte ein 1,5 Meter hohes Glas mit 180 Flaschen Gin, 154 Flaschen Brandy und 38 Flaschen O-Saft. Der 550 Liter Cocktail kam ins Guiness Buch der Rekorde.

Gin für mehr Kreativität?

Gin hat viele Dichter und Denker als Anhänger: Ernest Hemmingway, Winston Churchill und T.S. Eliot. Sie alle sollen große Fans des alkoholischen Drinks gewesen sein und ihn sogar genutzt haben, um ihr Gehirn anzuregen kreativ zu werden.

Wer konsumiert am meisten Gin?

Die Phillipinen produzieren weltweit am meisten Gin. Pro Kopf wird dort auch am meisten Gin konsumiert.

4. Kapitel: Exklusive Gin-Rezepte

Der Klassiker

Dry Martini – Legende der Cocktail Welt

Wusstest du, dass der Dry Martini zu einem der beliebtesten Cocktails gehört und von der „International Bartenders Association“ in die Liste der „Unforgettables“ gewählt wurde? Er ist ein trockener und starker Shortdrink und zählt zu den Aperetifs. Laut Anistatia Miller und Jared Brown zufolge, wird er klassischerweise mit London Dry Gin gemixt. Dazu kommt Vermouth und die Garnitur einer Olive oder Zitronenschale. Bekannt ist er unter anderem als das Lieblingsgetränk von James Bond geworden und wird in dem typischen Y-förmigen Glas serviert.

Zubehör:

- Cocktailshaker
- Martiniglas
- Barsieb
- Barlöffel

Zutaten:

- 6cl Gin
- 1cl trockenen Wermut
- 2 Zitronenschalen

Für die Garnitur: Olive oder Zitrone

Schwierigkeitsgrad:
mittel

Zeitaufwand:
Vorbereitung: ca. 1 Minute, Zubereitung: 5 Minuten

Zubereitung:
Als erster Schritt werden Eiswürfel in den Cocktailshaker gefüllt. Zunächst wird der Wermut darüber gegossen und mit dem Cocktailstab umgerührt. Der Wermut wird nun direkt in das Martiniglas eingegossen, das Eis wird jedoch im Shaker behalten. Die gleiche Prozedur wird mit dem Gin durchgeführt: erst über das Eis gießen, mit dem Stab etwa eine halbe Minute rühren und durch das Sieb (ohne Eis) dazu in das Martiniglas geben. Zum Schluss kann nach Belieben ein Spritzer Zitrone hinzugefügt werden und die Zitronenschale als „Lemon Twist“ oder die grüne Olive mit Zahnstocher on top als Garnitur – fertig ist der Dry Martini!

Empfehlung:
Im Allgemeinen wird für einen Dry Martini ein London Dry Gin ausgewählt, da dieser einer der traditionellsten und ältesten Gin Sorten ist. Auf Farbstoffe und Zucker wird hier verzichtet und er zeichnet sich vor allem durch seinen mehrfach destillierten und reinen Alkohol aus. Für den Wermut wird bestenfalls auch eine Sorte des Dry Vermouth verwendet. Der wichtigste Tipp für einen gelingenden Dry Martini ist der sofortige Genuss nach Zubereitung und das Servieren ohne Eis.

Gin & Tonic

Allerseits bekannt in jeder Cocktailbar- der Gin Tonic (wie die Laien ihn nennen) oder besser gesagt Gin and Tonic für den wahren Kenner. Erstmals gemixt wurde er zur Kolonialzeit der Briten und bezweckte mit dem chininhaltigen Tonic Water den Kampf gegen Malaria. Nachdem er einige Zeit etwas untergetaucht war, ist er zurzeit wieder das Trendgetränk Nummer 1 auf der Karte.

Zubehör

- Ein Glas
- Cocktailstab oder ähnliches
- Messer
- Barmaß

Zutaten

- 6cl Gin
- Tonic Water
- Zitrone/ Limette oder andere Botanicals je nach Geschmack
- Eiswürfel

Schwierigkeitsgrad

einfach

Zeitaufwand

Unter 5 Minuten

Zubereitung

Der Gin wird in ein Glas gefüllt, anschließend die Flasche Tonic Water geöffnet und im Anschluss direkt langsam in das selbige gefüllt, so dass so wenig wie möglich Kohlensäure verloren geht. Zum Schluss das Glas bis oben zum Rand mit Eiswürfel füllen und mit dem Cocktailstab vorsichtig umrühren. Als Garnitur kommt entweder an den Glasrand oder in das Getränk eine Zitronen- oder Limettenscheibe. Wer experimentierfreudig ist, kann seinen Gin & Tonic je nach Geschmack noch mit Kräuter, Gewürze oder andere Früchte verfeinern. Das Mischverhältnis variiert von 1:1 bis 1:4. Gängig jedoch ist eine 1:5 Mischung in den meisten Bars. 1:3 oder 1:4 geben ein gutes Aroma, ohne dass der Alkohol zu stark herauskommt.

Empfehlung

Da die Auswahl sowohl an Gin, als auch an Tonics sehr hoch ist, sollte man bei der Wahl darauf achten, dass beide auch gut zusammenpassen. Es gibt mittlerweile rund 20 verschiedene Tonic Water auf dem deutschen Markt, wobei jeder unterschiedlich gut zu dem Aroma des jeweiligen Gins passt. Das trockene (Dry) Tonic Water ist zart bitter in seiner Note und

passst gut zu aromatischen Sorten, da das Gin-Aroma besser zum Geschmack kommt. Tonic Water mit einer würzigeren Note ist etwas milder und beinhaltet weniger Zitrusgeschmack. Daher passen sie auch zu gut Gin Sorten mit Kräutern der Gewürzen als Botanicals. Dann gibt es noch die blumigen Tonics mit geringerem Bitteranteil. Auch diese passen sehr gut mit ebenfalls floralen Botanicals im Gin. Fruchtige Tonics kommen hingegen nur bei geschmacklich starken Gins zum Einsatz, da dieser sonst untergehen würde. Das klassische Tonic Water oder auch Indian Tonic Water genannt, ist sehr süß und eignet sich für Gins mit starker Wacholdernote.
Für den perfekt servierten Gin & Tonic ist es wichtig, dass sowohl Trinkgefäß, als auch das Tonic Water vorgekühlt sind. Das Glas kann außerdem zuvor mit Eiswürfeln gekühlt werden oder ins Kühlfach gestellt werden.

Tom Collins

Der Tom Collins ist ein erfrischender Cocktail auf einer Sour-Basis mit Soda und wird auch oft mit dem Gin Fizz verwechselt, welcher im Gegensatz jedoch geschüttelt und nicht verrührt wird. Der Cocktail hat eine kuriose Ursprungsgeschichte und ist dem fiktiven Tom Collins gewidmet. Im 19. Jahrhundert trieben die Bartender ihren Unfug mit den Gästen und erzählten ihnen, dass in der Bar nebenan ein Mann namens Tom Collins sitzt und Gerüchte über sie verbreiten würde. Nicht wenige fielen auf die Geschichte herein und stürmten zornentbrannt zur Tür hinaus, um den besagten Mann zur Rede zu stellen. 1862 erwähnte der legendäre Bartender Jerry P. Thomas den Cocktail erstmals in seinem Buch „The Bartender's Guide" und verhalf ihm zu noch mehr Popularität. Mittlerweile gibt es Tom Collins in vielen unterschiedlichen Varianten, unter anderem auch mit weißem Rum, Cognac oder Calvados.

Zubehör

- Longdrinkglas
- Barlöffel
- Messer
- Spieß für die Cocktailkirsche

Zutaten

- 5 cl Old Tom Gin
- 1 cl Zuckersirup
- 3 cl Zitronensaft
- Soda
- Eiswürfel

Für die Garnitur: Zitrone und Cocktailkirsche

Schwierigkeitsgrad
Mittel

Zeitaufwand
Vorbereitung: 1 Minute, Zubereitung: 5 Minuten

Zubereitung
Um einen Tom Collins original zubereiten zu können, werden alle flüssigen Zutaten in ein Glas gefüllt und verrührt. Eiswürfel dürfen nach Belieben hinzugefügt werden und schlussendlich wird nur noch die Soda bis zum Rand hineingeschüttet. Nicht zu vergessen ist natürlich die unverkennbare Garnitur von Zitrone und Cocktailkirsche.

Vesper Martini

Geschüttelt oder gerührt? Martinis sind der Klassiker in James Bond Filmen. In dem Film „Casino Royale“ trinkt Bond diesen besonderen Martini, der von Fans Vesper Martini getauft wurde – in Anlehnung an das besondere Bond Girl des Filmes.

Zubehör

- Cocktailshaker
- Martiniglas

Zutaten

- 2 cl Wodka
- 5 cl Gin
- 1 cl Wermut dry
- Eine Zitronenscheibe
- Eine Olive
- Eiswürfel

Schwierigkeitsgrad

Leicht

Zeitaufwand

Vorbereitung: 1 Minute, Zubereitung: 5 Minuten

Zubereitung
Der Martini ist nichts für schwache Nerven, wie ihr an den Zutaten sehen könnt. Dabei gebt ihr alle Zutaten in den Cocktailshaker und garniert den Drink mit einer Zitronenscheibe und einer Olive abschließend. Es versteht sich von alleine, dass dieser Drink geschüttelt, nicht gerührt serviert wird. Fühlt euch wie echte 00-Agenten! Cheers.

Deine Notizen

Der Fruchtige

Tropical Campari

Darf es etwas stärker sein? Der Tropical Campari ist das perfekte Getränk für Strandfeeling mit ordentlichem Wumms.

Zubehör

- Cocktailshaker
- Barzeste
- Longdrinkglas

Zutaten

- 2 cl Campari BitterEntweder
- 3 cl Gin
- 2 cl Grand Marnier
- 5 cl Orangensaft
- 8 cl Orange Bitter
- Eiswürfel

Schwierigkeitsgrad

Mittel

Zeitaufwand

Vorbereitung: 1 Minute, Zubereitung: 5 Minuten

Zubereitung

Gebt alle Zutaten außer das Orangenbitter in den Barshaker. Nun kräftig schütteln und die cremige Flüssigkeit durch das Sieb in das Longdrinkglas abseihen.

Das Orange Bitter gebt ihr anschließend langsam hinzu, sodass der Cocktail einen schönen Farbverlauf bekommt. Voilà!

Tropical Orange

Lust auf sauer? In Verbindung mit Gin eine perfekte Kombination. Wer es süßer mag, kann mit Zucker oder Sirup nachsüßen.

Zubehör

- Cocktailshaker
- Barzeste
- Longdrinkglas

Zutaten

- 3 cl Gin
- 3 cl Orangenlikör
- 6 cl Orangensaft
- 4 cl Grapefruitsaft
- 1 cl Zitronensaft
- Eiwürfel

Schwierigkeitsgrad

Leicht

Zeitaufwand

Vorbereitung: 1 Minute, Zubereitung: 5 Minuten

Zubereitung
Alle Zutaten inklusive Eis in den Barshaker geben und kräftig schütteln. Anschließend die leckere Flüssigkeit in das Longdrinkglas abseihen.
Der Drink ist ein klassisches Sommergetränk und ist durch den sauren Grapefruitsaft und Zitronensaft auch stoffwechselfördernd. Ideal also für die Bikinifigur.

Oceanside

Das ist ein sehr sommerlicher Cocktail, der aktuell sehr populär ist. Er spielt mit seiner leicht salzigen Note und macht gerade deshalb besonders süchtig.

Zubehör

- ➢ Cocktailshaker
- ➢ Barzeste
- ➢ Longdrinkglas

Zutaten

- 4 cl Gin
- 6 Blätter Minze
- 1 cl Limettensaft
- 1 cl Zuckersirup
- 1 Prise Meersalz
- 3 cl Soda
- 1 Tropfen Cocktailbitter
- Eiswürfel

Schwierigkeitsgrad

Mittel

Zeitaufwand

Vorbereitung: 1 Minute, Zubereitung: 5 Minuten

Zubereitung
Alle Zutaten bis auf die Minze und Soda in den Cocktailshaker geben. Kräftig schütteln und anschließend die cremige Flüssigkeit mit einem Barsieb in ein Longdrinkglas abseihen. Zuletzt mit Soda und Minze fertig garnieren.

Gin & Juice

Fruchtig, frisch und passend für laue Sommernächte. Der Gin & Juice ist ein klassischer Longdrink, welcher ganz einfach aus Gin und Saft besteht und auch manchmal unter dem Namen Orange Blossom in der Karte zu finden ist. Er bietet eine gute Alternative zu Gin & Tonic und ist geschmacklich variierbar. Beliebte Säfte zum Mischen sind beispielsweise Trauben-, Orangen- oder auch Rhabarbersaft – was keinesfalls heißt, dass andere oder neu kreierte Varianten ausgeschlossen werden.

Zubehör

- Longdrinkglas
- Barmaß und Rührlöffel
- Zestenreißer

Zutaten

- 3 cl Dry Gin
- 5 cl Saft
- Eis
- 1 Zitrone

Schwierigkeitsgrad

einfach

Zeitaufwand
Vorbereitungszeit: ca. 5 Minuten,
Zubereitungszeit: 2 Minuten

Zubereitung
Mit einem Barmaß wird der Gin abgemessen und danach ins Glas gegeben. Darauf wird ein Drittel des Glases mit Eis aufgefüllt und der Saft hinzugegeben. Nun muss nur noch vorsichtig umgerührt werden und mit etwas Zitronenzeste dekoriert werden. Das Mischverhältnis kann man hier wie auch bei dem Gin & Tonic beliebig dem Geschmack anpassen.

Gin Sour

Auch der Gin Sour ist ein perfektes Erfrischungsgetränk für den Sommer und hebt besonders den frischen Geschmack von Zitrone hervor. Demnach sollte bei der Zubereitung auch auf das Aroma einer „richtigen“ Zitrone wert gelegt werden und der Saft nicht durch ein abgefülltes Konzentrat aus der Flasche ersetzt werden. Statt Soda kann außerdem auch normales kohlensäurehaltiges Wasser verwendet werden.

Zubehör

- Cocktailshaker
- Barmaß und Barsieb
- Tumbler

Zutaten

- 5 cl Gin
- 3 cl Zitronensaft
- 1 cl Zuckersirup
- Soda
- Eiswürfel
- Zitrone

Schwierigkeitsgrad

einfach

Zeitaufwand
Vorbereitungszeit: ca. 5 Minuten,
Zubereitungszeit: 2 Minuten

Zubereitung
Der Gin wird zusammen mit dem Zitronensaft und Zuckerrübensirup mit einigen Eiswürfeln in den Shaker gegeben und geschüttelt. Danach wird die Mischung durch das Barsieb in einen Tumbler abgeseiht und ins Glas eingeschenkt. Einen kleinen Schluck Soda hinzufügen, mit Zitrone dekorieren und fertig ist der Gin Sour! Die Eiswürfel aus dem Shaker kommen jedoch nicht mit ins Glas.

Bramble

Der Bramble ist ein sehr beeriger saurer Cocktail, wie sein Name (engl. für Brombeere) schon verrät. Ehemals wurde als Frühlingscocktail in England in den 1980ern von Dick Bradsell erfunden. Mit dem dunklen Brombeersaft, der sich durch das Glas zieht und zudem noch hervorragend schmeckt, ist er ein wahrer Eye-Catcher und wie vor einigen Jahrzehnten immer noch beliebt in der Cocktailszene. Geschmacklich bietet er eine sehr fruchtige und saure Note.

Zubehör

- Stößel
- Tumbler
- Barlöffel oder ähnliches

Zutaten

- 6cl Gin
- 1cl Zuckersirup
- 2cl Zitronensaft
- Crushed Eis
- 5-6 Brombeeren zum Zerstampfen
    - Garnitur: 1-2 Brombeeren extra

Schwierigkeitsgrad

mittel

Zeitaufwand
Vorbereitung: 2 Minuten, Zubereitung: 5 Minuten

Zubereitung
Im ersten Schritt werden die Brombeeren in den Tumbler gegeben und mit dem Stößel leicht zerdrückt. Danach kommt das Eis dazu in den Tumbler und nacheinander werden alle anderen Zutaten dazu gerührt. Zum Schluss kommen noch ein paar Brombeeren zum Dekorieren ins Glas. Strohhalm rein und den leckeren Bramble damit leer schlürfen.

R. I. P. Cocktail

Ihr merkt es schon am Namen. Auch dieser Drink hat es in sich! Er schmeckt jedoch so fruchtig, dass man den Alkoholgehalt glatt vergessen kann. Nur die harten kommen in den Garten!

Zubehör

- Cocktailshaker
- Barzeste
- Longdrinkglas

Zutaten

- 3 cl Gin
- 3 cl Wodka
- 3 cl Tequila
- 2 cl Triple Sec
- 1 cl Greanadine Sirup
- 3 cl Limettensaft
- 2 cl Zitronensaft
- 5 cl Maracujasaft
- Eine Zitronenscheibe
- Eiswürfel

Schwierigkeitsgrad

Mittel

Zeitaufwand
Vorbereitung: 1 Minute, Zubereitung: 5 Minuten

Zubereitung
Die Zutaten werden mit etwas Eis in den Shaker gegeben und anschließend kräftig geschüttelt. Die entstandene cremige Flüssigkeit wird mit einem Barsieb in ein Longdrinkglas mit Eiswürfeln abgeseiht. Abschließend wird mit der_Zitronenscheibe dekoriert. Passend sind auch Minzblätter.

Deine Notizen

Die Exoten

„GINgle Bells" - Glüh-Gin

Wie wäre es mit etwas Abwechslung im Winter? Statt einem heißen Punsch oder Glühwein könnte es auch der Glüh-Gin sein. Lecker fruchtig mit Aromen wie Orange, Grapefruit und Wacholderbeere bietet diese neue Mischung, vor allem mit dem Ginger-Bier eine interessante Alternative.

Zubehör

- Kochtopf
- Schneidebrett und Messer
- Tassen/Becher für heiße Getränke

Zutaten

- 250ml Gin
- 500ml Ginger-Bier
- 500ml Apfelsaft
- 1,2l Grapefruitsaft
- Zur Garnitur: 1 Orange, 5 Zimtstangen & 5 Sternanis
- Die angegebene Menge ist für 5 Personen bzw. 5 Becher mit 200ml Füllmenge

Schwierigkeitsgrad

einfach

Zeitaufwand
Vorbereitungszeit: 5 min, Zubereitungszeit: 30 min

Zubereitung
Alle Säfte, sowie der Gin und das Ginger-Bier werden zusammen in einen Topf gegeben und langsam erhitzt. Dabei ist es wichtig, dass die Mischung nicht kocht, sondern nur erwärmt wird. Für eine halbe Stunde bleibt der Topf auf niedriger Hitze, sodass die Zutaten ihren Geschmack entfalten können. Gleichermaßen wie bei Glühwein kann der fertige Glüh-Gin nun in Tassen/Becher gefüllt werden. Wer mag, dekoriert noch mit ein paar Orangenscheiben, Sternanis oder einer Zimtstange und Voilá.

Gin Tonic Coffee

Diese exotische Mischung verdankt ihre Existenz den Geschwistern Oliver und Emilie Ward von Ginfoundry. So wie auch Bailey oder andere Liköre macht sich Gin gut mit Kaffee. Der Alkohol, einerseits als Gute-Laune-Macher und das Koffein als Wachmacher, ist der perfekte Gegenspieler für eine eingeschlafene Party oder müde Gäste.

Zubehör

- Glas
- Barmaß
- Eiswürfel

Schwierigkeitsgrad

mittel

Zutaten

- 2 cl Gin
- 4 cl kalt gebrauten Kaffee
- 7 cl Tonic Water
- Eiswürfel

Zeitaufwand

Vorbereitung: 5-10 Minuten, Zubereitung: 5 Minuten

Zubereitung
Kaffee aus frischen Bohnen wird vorbereitet und kühl gestellt. Anschließend werden ein paar Eiswürfel in ein frisches Glas hinzugefügt. Der Gin, gefolgt vom Tonic Water, gehört ebenfalls dazu. Zuletzt kommt der kalte Kaffee hinzu, noch einmal umrühren und genießen!

Herbal Gin

Wie ihr bereits wisst, wird Gin eine heilende Wirkung für Magen und Immunsystem nachgesagt. Wenn ihr euch also kränklich fühlt und trotzdem einen Cocktail genießen wollt, könnt ihr mit diesem Rezept Genuss und Heilung verbinden. Der Drink schmeckt etwas herb und kann optional mit Zucker oder Zuckersirup gesüßt werden.

Zubehör

- Cocktailshaker
- Barzeste
- Longdrinkglas
- Reibe

Zutaten

- 4 cl Gin
- 3 cl Zitronensaft
- 4 cl kalter Ingwertee
- geriebener Ingwer
- 4 cl Sprudelwasser
- ein paar Blätter Basilikum
- Eiswürfel

Schwierigkeitsgrad

Mittel

Zeitaufwand
Vorbereitung: 1 Minute, Zubereitung: 30 Minuten

Zuberetung
Zur Vorbereitung einen Ingwertee aufsetzen und abkühlen lassen. Als nächsten Schritt die Ingwer Knolle schälen und mit der Reibe ein wenig Ingwer zusammen mit den anderen Zutaten in den Barshaker hinzugeben. Kräftig schütteln und mit Eis in das Longdrinkglas geben.
Je nach Belieben, solltet ihr den Ingwer wieder aus dem Drink heraus sieben (Am besten mit dem Barsieb). Manche Leute mögen aber auch den scharfen Geschmack der Knolle und können ihn daher auch drin lassen.

Old Opera

Der Old Opera bietet im Vergleich zu den anderen Cocktails eine cremige Variante und bietet für alle Experimentierfreudige etwas Abwechslung. Empfohlene Gin Sorten hierzu sind der Bombay Saphire oder Adler Berlin Dry Gin, wobei natürlich auch andere für die Mischung gut funktionieren und die bittere Note gut zur Geltung kommt.

Zubehör

- Cocktailshaker
- Barzeste
- Longdrinkglas

Zutaten

- 4cl Gin
- 2cl Campari
- 3cl Zitronensaft
- 1 Eiweiß
- 1cl Zuckersirup
- Soda

Schwierigkeitsgrad

Mittel

Zeitaufwand

Vorbereitung: 1 Minute, Zubereitung: 5 Minuten

Zubereitung

Gin, Campari, Zitronensaft, Eiweiß und Zuckersirup werden mit etwas Eis in den Shaker gegeben und anschließend kräftig geschüttelt. Die entstandene cremige Flüssigkeit wird mit einem Barsieb in ein Longdrinkglas mit Eiswürfeln abgeseiht, hinzu kommt nun nur noch die Soda und eine Garnitur an Orangenzeste.

Gin Julep Cocktail

Der Gin Julep ist ein Klassiker aus dem 18. Jahrhundert. Seit jeher wird er in Kupferbechern oder Silberbechern serviert anstatt in Gläsern.

Zubehör

- Kupferbecher/Silberbecher

Zutaten

- 5 cl Gin
- 2 cl Curacao
- 3 cl Limettensaft
- 2 cl Sprudelwasser
- 4 Blätter Minze
- Eiswürfel

Schwierigkeitsgrad

Leicht

Zeitaufwand

Vorbereitung: 1 Minute, Zubereitung: 2 Minuten

Zubereitung

Dieser Cocktail muss nicht unbedingt geschüttelt werden, es reicht, wenn ihr alle Zutaten zusammen rührt und in den Kupfer - oder Silberbecher hinzugebt.

Deine Notizen

Mehr als nur Cocktails!

Gin kann noch so viel mehr. Hier findet ihr einige außergewöhnliche Rezepte für Gin, mit denen ihr bei der nächsten Party richtig Eindruck schinden könnt.

Gin Eis

Perfekt für laue Sommerabende und ein gelungener Nachtisch für jede Gartenparty. Gin-Eis schmeckt erfrischend, fruchtig und hat kaum Kalorien.

Zubehör

- Eisstiele aus Holz
- Formen für Wassereis
- Longdrinkglas

Zutaten für ungefähr 10 Portionen

- 0,75 L Tonic Water
- 50 mL Gin
- 1 Limette (ausgepresst)
- Eine halbe Gurke in Scheiben

Schwierigkeitsgrad

Einfach

Zeitaufwand

Vorbereitung: 5 Minute, Zubereitung: 5-8 Stunden

Zubereitung

Ihr solltet am Ende etwa 15-20 Gurkenscheiben haben. Mixt alle anderen Zutaten zusammen und gießt den Drink in die Eisbehälter. Pro Eis können dann noch ein bis zwei Gurkenscheiben dazu und dann muss das Ganze nur noch gefrieren.

Limonensorbet mit Gin

Das Sorbet ist ein sommerlicher Nachtisch. Nach dem Rezept enthält es jetzt so viel Gin wie ein Cocktail, ihr könnt die Menge auch variieren. Wenn ihr nur die Hälfte an Gin nehmt, ist das Eis deutlich sanfter und hat nur einen Hauch von Gin Aroma.

Zubehör

- Reibe
- Kleine Form

Zutaten

- 120 Gramm Zucker
- 4 Limetten (Bio-Qualität)
- 1 Eiklar
- 12 EL Gin
- Zitronenmelisse

Schwierigkeitsgrad

Mittel

Zeitaufwand

Vorbereitung: 5 Minute, Zubereitung: 6 Stunden

Zubereitung

250 mL Wasser aufkochen und die Schale einer Limette zusammen mit dem Zucker

unterrühren. Lasst den Sud abkühlen und presst währenddessen alle Limetten aus und schlagt das Eiweiß steif. Hackt die Zitronenmelisse klein und vermischt sie mit dem Gin. Alle Zutaten werden nun vermixt und eine Stunde lang angefroren. Danach wird erneut gerührt und weitere 3 Stunden gefroren. Dann kann serviert werden, optional könnt ihr das Sorbet noch mit etwas Melisse verzieren.

Gin Tonic Muffins

Eine kleine süße Sünde für Zwischendurch oder als Mitbringsel für den nächsten Geburtstag.

Zubehör

- 2 Schüsseln
- Muffin Formen
- Handmixer
- Schneebesen
- Sieb

Zutaten

Teig

- 250 Gramm Mehl
- 2 TL Backpulver
- 200 Gramm Zucker
- 80g Rahm
- 1 Päckchen Vanillezucker
- 100 Gramm Sauerrahm
- 100 ml Gin
- 4 EL Limettensaft
- Schale einer Limette
- 120 Gramm Butter
- 3 Eier
- 1 Prise Salz

Sirup

- 70 Gramm Zucker
- 2 EL Zitronensaft

- 5 cl Gin
- 4 cl Tonic Water

Guss

- 200 Gramm Puderzucker
- 4 EL Limettensaft
- 3 cl Gin

Schwierigkeitsgrad

Schwer

Zeitaufwand

Vorbereitung: 10 Minute, Zubereitung: 1 Stunde

Zubereitung

Für den Teig rührt ihr Butter, Zucker und Vanillezucker schaumig in einer Schüssel mit dem Handmixer und gebt dann die Eier hinzu. In einer anderen Schüssel vermischt ihr Backpulver, Mehl, Salz, die geriebene Limettenschale, Sauerrahm, Gin und Limettensaft. Diese Mischung rührt ihr dann behutsam unter die erste Mischung (die Buttercreme). Den Teig in Muffin Formen geben und bei 180 Grad Umluft circa 15 Minuten backen.
Unterdessen bereitet ihr den Sirup vor, der eure Muffins schön saftig macht. Dafür kocht ihr Zucker und Limettensaft in einem Topf

auf, bis der Zucker sich aufgelöst hat. Dann gebt ihr Gin und Tonic dazu.
Sobald die Muffins fertig sind, tränkt ihr die Muffins mit dem Sirup. Es wird anfangs aussehen, als sei es viel zu viel, aber die Muffins saugen den Sirup gut auf.
Nun braucht ihr nur noch den Guss. Siebt den Puderzucker gründlich und gebt vorsichtig die anderen Zutaten dazu, bis der Guss die perfekte Konsistenz hat. Jetzt könnt ihr die Muffins damit bestreichen und optional könnt ihr sie noch mit Minze, Basilikum oder Limettenscheiben dekorieren.
Die Muffins sind selbstverständlich von Kindern fern zu halten.

Deine Notizen

5. Kapitel: Gin-Fazit

Da jedes Buch auch ein Ende hat, bist du hier auf der letzten Seite deines Ratgebers angelangt – Das muss aber noch lange nicht heißen, dass deine Gin Reise vorbei ist. Vielleicht hat dich der Wahn nun genauso gepackt, du fängst an die Rezepte auszuprobieren und Cocktailpartys für deine Freunde zu schmeißen. Oder recherchierst weiter im Internet und anderen Büchern, besuchst Gin-Tastings und wirst zum richtigen Kenner. Eine andere Möglichkeit wäre es, den Welt-Gin-Tag zu besuchen, welcher zu dessen Ehren erstmals 2009 von Neil Houston ins Leben gerufen wurde. Seither findet dieser jährlich, immer am zweiten Wochenende im Juni, statt und hat sich mehr und mehr ausgebreitet. So wird dieser wegen seines steigenden Umfangs seit 2013 von Emma Stokes mit einer für die Events eigens eingerichtete Website http://www.ginmonkey.co.uk/ „ge-managed".

Jetzt kennst du nun die Vorzüge und Hoch, sowie Tiefs der historischen Gin-Geschichte und bist fähig, dir mit den vielen Informationen dir deinen eigenen Geschmack zu bilden!

Quellenangabe

10 verschiedene Botanicals in einer edlen Geschenkbox für deinen Gin:
https://ilovegin.de

Danksagung

Danke, dass du dieses Buch durchgearbeitet hast. Ich hoffe, dieser Ratgeber hat dir gefallen und du konntest für dich hilfreiche Tipps mitnehmen aber auch coole Rezepte durchprobieren. Über eine Meinung würde ich mich daher sehr freuen, die du hier direkt bei Amazon hinterlassen kannst!

Haftungsausschluss

 Die Informationen in diesem Buch wurden mit größter Sorgfalt erarbeitet. Der Autor übernimmt keine juristische Verantwortung oder irgendeine Haftung für eventuell verbliebene Fehler und deren Folgen. Es kann auch keine Garantie für Erfolg übernommen werden. Der Autor übernimmt keine Verantwortung für das Nicht-Erreichen der im Buch beschriebenen Ziele.

Impressum

3. Auflage | Dezember 2019

Kontakt: ilovegin.de / Michael Stanik / Seehang 31 / 44263 Dortmund
Covergestaltung: Pseudonym
Coverfoto: fiverr.com

ISBN: 9781790447541

Imprint: independently published

Für Fragen und Anregungen
info@ilovegin.de
https://ilovegin.de